Ce carnet

appartient à :